1970〜80年代に撮影された未公開写真の数々を収録！

# 北海道の国鉄アルバム

## 下巻

## （根室本線、富良野線、釧網本線、石北本線）

写真：安田就視　解説：辻 良樹

C58形33号機牽引の普通列車。機関車次位に郵便車と荷物車を連結してカーブ区間を行く。
◎根室本線 別保〜上尾幌　1973（昭和48）年3月3日

# .....Contents

# まえがき

　札幌発着の根室本線直通特急列車。現在は石勝線を経由するため、根室本線の特急が臨時の観光特急を除き滝川や赤平、芦別、富良野などを通らない。いつも思うのは、このあたりの区間で根室本線という名がピンと来ない。釧路本線だとまだわかりやすいが、根室本線と付くのは、それだけ根室が存在感のあった街だったからである。現在の釧路～根室間は運転系統が分かれていて、花咲線の愛称が付く。札幌と直通する優等列車はなく、釧路と根室を結ぶローカル線と化している。ただし、それはそれで良い味を出していて、日本最東端という響きは、日本最北端と同じぐらいの魅力を放ち続ける。

　富良野は、私たちの世代以上にとっては、まさにリアルタイムの憧れのユートピアだった。ドラマ「北の国」からの影響大だ。ラベンダー畑もそのひとつ。富良野線がブームになる前から写真を撮って来られた安田就視氏の写真がとても貴重だ。

　石北本線は、2つの愛称の特急が現在走る。特急「オホーツク」と特急「大雪」。私たちの世代で「大雪」が特急というのは、大変ピンと来ない。「大雪」は長い間急行としてファンを魅了してきた。なかでも、夜行客レの「大雪」は、今や伝説だ。末期はA寝台が無かったが、かつてはA寝台も連結。さらに、亜幹線用に開発された二等三等寝台合造車両のナロハネ10形（後のオロハネ10形）も連結されるシーンを本書に掲載している(写真当時はA寝台B寝台合造車両)。また、常紋信号場で旅客扱いをしていた当時の今や貴重なシーンも必見だ。

　釧網本線は現在の北海道鉄道網の中で、北海道の古きよきローカルムードを多く残す筆頭格の路線だと言える。釧路湿原の大自然を走る風景や車窓、オホーツク海沿いに残る北浜駅などの木造駅舎。いずれも映画のワンシーンのようで、北海道の鉄道旅へ誘う強い魅力を放っている。それが国鉄時代はさらに魅力的だったことは言うまでもない。

2021年7月　辻 良樹

網走駅から桂台仮乗降場（現・桂台駅）を過ぎ、しばらく走るとオホーツク海の海岸線へ出る。流氷が溶け出して流れつく海岸線を走るDL＋SLによる貨物列車。ディーゼル機関車の次位にC58。国鉄無煙化を前にして、このような運転が度々見られた。
◎桂台仮乗降場～鱒浦　1973(昭和48)年3月8日

# 【根室本線の年表】

| | |
|---|---|
| 1892（明治25）年2月 | 空知太〜十勝〜釧路〜標茶〜根室間などの「北海道中央鉄道」を、北海道庁長官の渡辺千秋が計画。 |
| 1893（明治26）年12月15日 | 「北海道鉄道予定幹線略図」を北海道庁が作成し、敷設予定線を明記して工費を計上。 |
| 1894（明治27）年7月 | 帝国大学（現・東京大学）教授・田邊朔郎に、北海道庁が鉄道敷設計画の作成を依頼。 |
| 1896（明治29）年2月10日 | 貴族院議員近衛篤麿ら47人が政府に北海道鉄道敷設法案を提出。 |
| 1896（明治29）年3月26日 | 第9回帝国議会で北海道鉄道敷設法が成立。旭川から十勝および厚岸を経て網走に至る路線の建設が決定。 |
| 1897（明治30）年6月 | 十勝線旭川〜下富良野間が旭川側から着工。 |
| 1899（明治32）年9月1日 | 十勝線旭川〜美瑛間（現・富良野線）が開業。 |
| 1899（明治32）年11月15日 | 十勝線美瑛〜上富良野間（現・富良野線）が延伸開業。 |
| 1900（明治33）年5月 | 釧路線釧路〜帯広間が釧路側から着工。 |
| 1900（明治33）年8月1日 | 十勝線上富良野〜下富良野（現・富良野）間（現・富良野線）が延伸開業。 |
| 1900（明治33）年12月2日 | 十勝線下富良野〜鹿越間が延伸開業。 |
| 1901（明治34）年7月20日 | 釧路線白糠〜釧路（初代）間が開業。 |
| 1901（明治34）年7月 | 落合〜新内間の狩勝トンネルが着工。 |
| 1901（明治34）年9月3日 | 十勝線鹿越〜落合間が延伸開業。 |
| 1903（明治36）年3月1日 | 釧路線白糠〜音別間が延伸開業。 |
| 1903（明治36）年12月25日 | 釧路線音別〜浦幌間が延伸開業。 |
| 1904（明治37）年8月12日 | 釧路線浦幌〜豊頃間が延伸開業。 |
| 1904（明治37）年12月15日 | 釧路線豊頃〜利別間が延伸開業。 |
| 1905（明治38）年4月1日 | 北海道官設鉄道が国の鉄道作業局に移管。 |
| 1905（明治38）年10月21日 | 釧路線利別〜帯広間が延伸開業。 |
| 1907（明治40）年6月 | 北海道鉄道敷設法改正に向け、8月にかけて帝国鉄道庁の技師らが北海道を実地調査。 |
| 1907（明治40）年9月8日 | 狩勝トンネルが開通し、落合〜帯広間が延伸開業して十勝線が全通。函館〜札幌〜旭川〜帯広〜釧路間が線路で結ばれる。 |
| 1909（明治42）年10月12日 | 旭川〜釧路間の線路名称を釧路線、敷設予定の帯広〜網走間を網走線とする。 |
| 1910（明治43）年3月26日 | 北海道鉄道敷設法が改正。「砂川近傍」から下富良野に至る下富良野線の建設が決定。 |
| 1910（明治43）年9月22日 | 池田〜淕別（後の陸別）に網走線（後の池北線）が開業。 |
| 1910（明治43）年11月6日 | 下富良野線の起点を滝川駅に決定。 |
| 1911（明治44）年7月1日 | 函館〜釧路間で道内初の急行が運転開始。 |
| 1913（大正2）年11月10日 | 下富良野線滝川〜下富良野間が開業。 |
| 1913（大正2）年11月10日 | 滝川〜釧路間を釧路本線とし、旭川〜下富良野間を富良野線として分離。 |
| 1914（大正3）年8月 | 根室線釧路〜根室間が着工。 |
| 1917（大正6）年12月1日 | 根室線釧路〜厚岸間が開業。 |
| 1917（大正6）年12月1日 | 釧路駅を現在地に移設。旧釧路駅を浜釧路貨物駅とし、貨物支線釧路〜浜釧路間が開業。 |
| 1919（大正8）年11月25日 | 根室線厚岸〜厚床間が延伸開業。 |
| 1920（大正9）年1月16日 | 上芦別駅が開業。 |
| 1920（大正9）年11月10日 | 根室線厚床〜西和田間が延伸開業。 |
| 1921（大正10）年 | この年、幾寅駅に幾寅森林鉄道、下金山駅に東京帝国大学演習林森林鉄道西達布線などが相次いで接続。 |
| 1921（大正10）年8月5日 | 根室線西和田〜根室間が延伸開業し、滝川〜根室間が全通。 |
| 1921（大正10）年8月5日 | 釧路本線と根室線を統合し、根室本線とする。 |
| 1923（大正12）年9月25日 | 貨物支線釧路〜天寧間が開業。 |
| 1925（大正14）年3月16日 | 別保信号場（現・東釧路駅）を新設。 |
| 1925（大正14）年5月 | 殖民軌道根室線が開業し厚床駅に接続。 |
| 1925（大正14）年12月10日 | 帯広〜士幌間に士幌線が開業。 |
| 1926（大正15）年7月15日 | 茂尻駅の旅客営業を開始。 |
| 1927（昭和2）年9月15日 | 別保信号場〜標茶間に釧網線（現・釧網本線）が開業。 |
| 1928（昭和3）年11月11日 | 別保信号場を昇格し東釧路駅に改称。 |
| 1929（昭和4）年11月2日 | 帯広〜中札内間に広尾線が開業。 |
| 1933（昭和8）年12月1日 | 厚床〜西別（後の別海）間に標津線が開業。 |
| 1934（昭和9）年8月12日 | 貨物支線根室〜根室港間が開業。 |
| 1934（昭和9）年 | 芦別森林鉄道が上芦別駅に接続。 |
| 1938（昭和13）年 | 住友鉱業赤平鉱業所が開鉱。同鉱から上赤平駅に専用線を敷設。 |
| 1940（昭和15）年1月15日 | 貨物支線釧路〜天寧間の起点を東釧路駅に変更。 |
| 1940（昭和15）年10月10日 | 函館〜釧路間に急行1往復を増発（1943年10月に一時廃止） |
| 1940（昭和15）年11月28日 | 下芦別〜西芦別間に三井鉱業所専用鉄道が開業。 |
| 1941（昭和16）年12月29日 | 東鹿越信号場を新設。 |
| 1943（昭和18）年6月15日 | 上赤平駅を赤平駅に改称。 |
| 1945（昭和20）年11月19日 | 釧路工機部（現・釧路運輸車両所）で戦後の国鉄初といわれる労働組合が結成される。 |
| 1946（昭和21）年5月1日 | 下芦別駅を芦別駅、奔茂尻駅を滝里駅と改称。 |
| 1949（昭和24）年9月15日 | 函館〜小樽〜札幌〜釧路間で急行が運転開始。 |
| 1949（昭和24）年12月24日 | 上芦別駅に三菱鉱業芦別鉱業所専用鉄道が接続。 |
| 1950（昭和25）年10月1日 | 函館〜小樽〜札幌〜釧路間に準急1往復を増発。 |
| 1951（昭和26）年4月1日 | 函館〜釧路間急行に「まりも」の愛称が付く。 |
| 1954（昭和29）年8月17日 | 昭和天皇の北海道巡幸に伴い、釧路〜帯広間でお召列車を運転。 |
| 1955（昭和30）年12月1日 | 帯広〜根室間で気動車の運転を開始。 |
| 1958（昭和33）年10月1日 | 函館〜釧路間準急に「狩勝」の愛称が付く。 |
| 1959（昭和34）年9月22日 | 釧路〜根室間で準急「ノサップ」が運転開始。 |
| 1960（昭和35）年 | この年、赤平駅の貨物発送量が年間178万tで全国1位となる。 |
| 1961（昭和36）年9月1日 | 日本最東端の駅となる東根室駅が開業。 |
| 1961（昭和36）年10月1日 | 函館〜釧路間（室蘭本線・千歳線経由）で急行「摩周」が運転開始。 |
| 1961（昭和36）年10月1日 | 滝川〜東滝川間に一ノ坂信号場を新設。 |
| 1961（昭和36）年12月1日 | 釧路駅が民衆駅として新築開業。 |
| 1962（昭和37）年2月1日 | 札幌〜帯広間で急行「十勝」が運転開始。 |
| 1962（昭和37）年3月 | 落合〜新得間の新線と新狩勝トンネルが着工。 |
| 1962（昭和37）年4月頃 | 芦別産の石炭を留萌港に運ぶため、芦別〜函館本線納内間の短絡線として計画された芦別線が着工。 |
| 1962（昭和37）年4月1日 | 帯広〜釧路間で準急「ぬさまい」が運転開始。 |
| 1962（昭和37）年10月1日 | 函館〜旭川間の特急「おおぞら」に滝川で分割して釧路まで運転する編成を増結。 |
| 1962（昭和37）年10月15日 | 貨物支線釧路〜浜釧路間をルート変更。浜釧路駅を移設。 |
| 1963（昭和38）年6月1日 | 札幌〜根室間で急行「阿寒」が運転開始。 |
| 1964（昭和39）年10月1日 | 急行「摩周」などを格上げした特急「おおとり」が函館〜釧路・網走間（室蘭本線・千歳線経由）で運転開始。 |
| 1964（昭和39）年10月7日 | 白糠〜上茶路間に白糠線が開業。 |

| | |
|---|---|
| 1965（昭和40）年10月1日 | 貨物支線根室～根室港間を廃止。 |
| 1966（昭和41）年3月5日 | 準急「ノサップ」「ぬさまい」を急行に格上げ。 |
| 1966（昭和41）年9月29日 | 金山ダムの建設に伴い、金山～東鹿越間で空知トンネル（2256m）を経由する新線にルート変更。水没する旧線上の鹿越駅を廃止。 |
| 1966（昭和41）年9月30日 | 新狩勝トンネルが開通し、落合～新得間に新線（狩勝新線）が開業。上落合、新狩勝、広内、西新得、上芽室の各信号場を新設。翌日に旧線上の新内駅、狩勝信号場を廃止。 |
| 1966（昭和41）年11月1日 | 帯広駅が民衆駅として新築開業。 |
| 1967（昭和42）年7月12日 | 旧新内～新得間11kmの区間を「狩勝実験線」とし、車両走行安定性の試験が開始される。 |
| 1968（昭和43）年9月4日 | 国鉄諮問委員会が、地方の赤字83線区の廃止を勧告。 |
| 1968（昭和43）年10月1日 | 急行「十勝」を「狩勝」に統合。 |
| 1969（昭和44）年4月1日 | 富良野～釧路間で無煙化を達成。 |
| 1972（昭和47）年8月6日 | 釧路～帯広間でC58 106牽引によるSLさよなら運転。 |
| 1974（昭和49）年8月 | 戦前から続く小樽・札幌～釧路間の夜行普通列車に「からまつ」の愛称が付く。 |
| 1980（昭和55）年2月10日 | キハ183系試作気動車が特急「おおぞら」で営業運転を開始。翌年9月から量産車を投入。 |
| 1980（昭和55）年10月1日 | 急行「ぬさまい」を廃止。 |
| 1981（昭和56）年10月1日 | 千歳空港（現・南千歳）～新得間に石勝線が開業。 |
| 1982（昭和57）年11月15日 | 貨物支線厚岸～浜厚岸間を廃止。 |
| 1983（昭和58）年2月1日 | 滝川～落合間がCTC（列車集中制御）化。 |
| 1983（昭和58）年10月23日 | 国鉄再建法に基づき指定された第1次特定地方交通線の第1号として、白糠線が廃止。 |
| 1984（昭和59）年2月1日 | 貨物支線東釧路～天寧間を廃止。東釧路～根室間の貨物営業を廃止。 |
| 1986（昭和61）年11月1日 | 大成、柏林台の各臨時乗降場を新設。鹿越仮乗降場を廃止。 |
| 1986（昭和61）年12月20日 | 札幌～富良野、富良野～旭川間にリゾート列車「フラノエクスプレス」が運転開始。 |
| 1987（昭和62）年2月2日 | 広尾線が廃止、バス輸送に転換される。 |
| 1987（昭和62）年4月1日 | 国鉄分割民営化。JR北海道（北海道旅客鉄道）とJR貨物（日本貨物鉄道）が根室本線を継承。大成、柏林台の各臨時乗降場、稲士別仮乗降場、古瀬信号場をそれぞれ駅に昇格。 |
| 1989（平成1）年3月23日 | 赤平駅に接続していた住友石炭鉱業赤平鉱業所専用線が列車運転を終了。 |
| 1989（平成1）年3月26日 | 三井芦別鉄道が廃止。 |
| 1989（平成1）年4月30日 | 急行「ノサップ」2往復を快速に格下げ。 |
| 1989（平成1）年4月30日 | 標津線が全線廃止、バス輸送に転換される。 |
| 1989（平成1）年6月4日 | 池北線が第三セクターの北海道ちほく高原鉄道に移管。同社のふるさと銀河線となる。 |
| 1989（平成1）年8月1日 | 貨物支線釧路～浜釧路間を廃止。 |
| 1989（平成1）年9月30日 | 帯広～池田間でトロッコ列車「十勝大平原ノロッコ」号を運転。 |
| 1990（平成2）年9月1日 | 札幌～帯広間の特急「おおぞら」を「とかち」と改称。釧路～根室間でワンマン運転を開始。 |
| 1991（平成3）年7月1日 | 釧路～根室間の愛称を「花咲線」とし、全列車ワンマン運転とする。同区間を管轄する花咲線運輸営業所を開設。 |
| 1991（平成3）年7月27日 | 特急「とかち」に気動車初の2階建て車両キサロハ182形を連結「スーパーとかち」と改称。 |
| 1991（平成3）年10月22日 | 滝里ダム建設に伴い、野花南～島ノ下間に滝里トンネル（全長5595m）経由の新線が開業。空知川沿いの旧線と滝里駅を廃止。 |
| 1993（平成5）年3月18日 | 急行「まりも」を特急「おおぞら」に格上げ。滝川～釧路間をワンマン化。 |
| 1994（平成6）年2月22日 | 広内信号場付近で特急「おおぞら」が強風にあおられて脱線。1両が横転し28人が負傷。 |
| 1997（平成9）年3月 | 東鹿越駅が貨物取り扱いを終了、無人化。 |
| 1997（平成9）年3月22日 | 札幌～釧路間でキハ283系を使用した特急「スーパーおおぞら」が運転開始。 |
| 1999（平成11）年10月 | 赤平駅が6階建ての新駅舎となる。 |
| 2000（平成12）年3月11日 | 特急「スーパーとかち」にキハ283系を投入。従来のキハ183系を使用した「スーパーとかち」は「とかち」に改称。 |
| 2002（平成14）年4月1日 | 釧路～東釧路間の貨物営業を廃止。 |
| 2006（平成18）年4月1日 | 新富士～釧路間の貨物営業を廃止。 |
| 2007（平成19）年10月1日 | 「スーパーとかち」にキハ261系を投入し、キハ183系の「とかち」を順次置き換え。 |
| 2007（平成19）年10月1日 | 駅名を記号と番号で表示する駅ナンバリングを滝川～東釧路間で実施。 |
| 2008（平成20）年8月31日 | 夜行特急「まりも」の運転を終了。 |
| 2012（平成24）年5月29日 | 本輪西～帯広貨物間で設定されていた石油輸送列車が廃止される。 |
| 2016（平成28）年3月26日 | 快速・普通列車の大幅な減便・区間廃止を実施。 |
| 2016（平成28）年8月31日 | 台風10号による降雨災害の影響により被災が相次ぐ。 |

## 【富良野線の年表】

| | |
|---|---|
| 1896（明治29）年5月14日 | 北海道鉄道敷設法が公布。 |
| 1897（明治30）年5月 | 臨時北海道鉄道敷設部を深川、旭川、永山、美瑛に監督区を設置。 |
| 1898（明治31）年7月16日 | 旭川駅が上川線（現・函館本線）の駅として開業。 |
| 1898（明治31）年 | 旭川～辺別（現・西神楽）間に忠別川橋梁が完成。 |
| 1899（明治32）年9月1日 | 旭川～美瑛間に十勝線が開業。 |
| 1899（明治32）年11月15日 | 美瑛～上富良野間が延伸開業。 |
| 1900（明治33）年8月1日 | 上富良野～下富良野（現・富良野）間が延伸開業。 |
| 1901（明治34）年 | 宇莫別から美馬牛の間で勾配の改良、スノーシェッド（防雪施設）の延長工事が行われる。 |
| 1901（明治34）年9月3日 | 十勝線が落合まで延伸開業。 |
| 1902（明治35）年 | 辺別～上富良野間で急勾配、急曲線の改良工事が行われる。 |
| 1903（明治36）年 | 美瑛川橋（美瑛～美馬牛間）の仮橋に損傷が見られたため、本橋架設工事を実施。 |
| 1905（明治38）年4月1日 | 北海道鉄道部が逓信大臣の管理下となり、鉄道作業局に移管される。 |
| 1907（明治40）年9月8日 | 落合～帯広間開通。これにより旭川～釧路間全通。 |
| 1909（明治42）年10月12日 | 鉄道院告示第54号により線路名称制定。旭川～釧路間が釧路線となる。 |
| 1911（明治44）年9月2日 | 旭川発belated行きのお召列車が、美瑛～上富良野間で蒸気圧力が上がらず停車。 |
| 1913（大正2）年11月10日 | 滝川～下富良野間の短絡線（現・根室本線）の開業に伴い、旭川～下富良野間を富良野線として路線分離する。 |
| 1926（大正15）年5月24日 | 十勝岳の噴火によって起こった泥流で路盤や橋梁が流れ去り、美瑛～上富良野間が長期間不通になる。 |
| 1949（昭和24）年6月1日 | 日本国有鉄道が発足。 |
| 1952（昭和27）年 | 美瑛駅の駅舎が改築される。 |
| 1957（昭和32）年12月1日 | 西御料仮乗降場、神楽岡仮乗降場が開業。 |
| 1958（昭和33）年1月25日 | 気動車を導入、道内でいち早く客貨分離を達成。 |
| 1962（昭和37）年5月1日 | 札幌～釧路間の「狩勝」のうち1往復に、富良野線を経由する旭川発着編成の併結を開始。 |
| 1962（昭和37）年11月1日 | 美馬牛駅、千代ヶ岡駅の貨物取扱廃止。 |
| 1968（昭和43）年10月1日 | 第1富良野川橋梁（富良野～学田間）を進行中の貨物列車が橋脚の傾斜により脱線、富良野川に転落。 |
| 1974（昭和49）年 | 北海道内と道外を行き来した旅客数が1000万人を超える（1973年4月～1974年3月の旅客数）。 |
| 1974（昭和49）年7月19日 | 富良野線SLさよなら運転を実施。 |
| 1981（昭和56）年10月1日 | 千歳空港（現・南千歳）～上落合信号場間に石勝線が開業。 |
| 1982（昭和57）年11月15日 | 中富良野、上富良野、美瑛、西神楽の各駅で貨物取扱を廃止。 |

| 1983（昭和58）年9月1日 | 全線をCTC（列車集中制御）化。 |
|---|---|
| 1984（昭和59）年9月1日 | 千代ヶ岡駅が簡易委託になる。 |
| 1985（昭和60）年3月14日 | 富良野駅の荷物取扱を廃止。 |
| 1986（昭和61）年11月 | 中富良野駅の駅舎が改築される。 |
| 1986（昭和61）年11月1日 | 急行「狩勝」のうち1往復を滝川・旭川～帯広間を結ぶ快速「十勝」に格下げ。 |
| 1986（昭和61）年12月20日 | 札幌～富良野、富良野～旭川間でリゾート列車「フラノエクスプレス」が運転開始。 |
| 1987（昭和62）年4月1日 | 国鉄分割民営化によりJR北海道（北海道旅客鉄道）が発足。 |
| 1987（昭和62）年 | キハ54系気動車を導入。 |
| 1990（平成2）年9月1日 | 急行「狩勝」を廃止。滝川・旭川～帯広間の快速「十勝」を「狩勝」と改称。 |
| 1992（平成4）年4月1日 | 美馬牛、千代ヶ岡、西瑞穂、西御料の各駅で簡易委託を廃止し無人化。 |
| 1992（平成4）年10月1日 | 全線をワンマン運転化。 |
| 1993（平成5）年4月1日 | キハ150形気動車を導入。 |
| 1994（平成6）年 | 旭川～富良野～帯広間で臨時快速列車「ホリデーおびひろ（下り）」「ホリデーあさひかわ（上り）」が運転開始。 |
| 1996（平成8）年5月 | 札幌～稚内間の急行「利尻」、札幌～網走間の特急「オホーツク」が富良野線経由で運転。 |
| 1996（平成8）年9月1日 | 緑が丘駅が開業。 |
| 1998（平成10）年7月 | 旭川～富良野間で「富良野・美瑛ノロッコ」号が運転開始。 |
| 1998（平成10）年11月 | 「フラノエクスプレス」が廃止。 |
| 1999（平成11）年6月11日 | 季節営業の臨時駅としてラベンダー畑駅が開業。 |
| 1999（平成11）年6月 | 「SLふらの・びえい」号が運転開始。 |
| 1999（平成11）年 | 札幌～富良野間でリゾート列車「フラノラベンダーエクスプレス」が運転開始。 |
| 1999（平成11）年 | 鹿討駅の駅舎が改築される。 |
| 1999（平成11）年 | 西神楽駅の簡易委託を廃止し無人化。 |
| 1999（平成11）年12月23日 | 旭川～富良野間で「ふらの・びえい雪原ノロッコ」号が運転開始。 |
| 2000（平成12）年6月 | 美馬牛駅が改築される。 |
| 2003（平成15）年1月5日 | 「ホリデーあさひかわ」「ホリデーおびひろ」廃止。 |
| 2003（平成15）年6月 | 「富良野・美瑛ノロッコ」号を蒸気機関車が牽引。 |
| 2003（平成15）年6月1日 | 富良野駅前に「北の国から」資料館がリニューアルオープン。 |
| 2003（平成15）年11月18日 | 千代ヶ岡駅～旭川空港間で無料シャトルバスの試験運行が行われる。 |
| 2007（平成19）年10月1日 | 全区間で駅ナンバリングを実施。 |
| 2010（平成22）年10月10日 | 旭川駅が高架化される。 |
| 2019（令和元）年12月23日 | 国鉄分割民営化以降、初めてJR貨物の貨物列車が当線を走行（自然災害救援のため）。 |

## 【釧網本線の年表】

| 1876（明治9）年9月 | アトサヌプリ（跡佐登）における硫黄の試掘願を、釧路の佐野孫右衛門が開拓使に請願。 |
|---|---|
| 1885（明治18）年11月 | 標茶に釧路集治監が開設。多数の囚人が本州などから移送され、後に跡佐登の硫黄採掘に連れ出される。 |
| 1887（明治20）年12月25日 | 跡佐登～標茶間に硫黄を運搬する専用鉄道が開業。 |
| 1892（明治25）年9月8日 | 跡佐登～標茶間の専用鉄道が釧路鉄道として旅客営業を開始。 |
| 1896（明治29）年5月14日 | 北海道鉄道敷設法が公布。旭川～厚岸～網走間の鉄道が予定線となる。 |
| 1896（明治29）年8月1日 | 釧路鉄道が営業を休止。 |
| 1897（明治30）年10月31日 | 北海道庁が釧路鉄道を買収し、同社は解散。 |
| 1907（明治40）年9月8日 | 旭川～釧路間（現在の富良野線と根室本線）が開通。1917年に厚岸まで延伸。 |
| 1912（大正1）年10月5日 | 網走線（後の池北線と石北本線）池田～野付牛（現・北見）～網走間が全通。 |
| 1919（大正8）年3月25日 | 鉄道敷設法に記されていた厚岸～網走間の予定線が、釧路～網走間に改められる。 |
| 1922（大正11）年12月16日 | 網走～北浜間が着工。 |
| 1923（大正12）年5月11日 | 別保信号場（現・東釧路駅）～細岡間が着工。 |
| 1924（大正13）年11月15日 | 網走（初代）～北浜間が網走本線として延伸開業。 |
| 1925（大正14）年11月10日 | 網走本線の北浜～斜里（現・知床斜里）間が延伸開業。 |
| 1927（昭和2）年8月1日 | 標茶～弟子屈（現・摩周）間が着工。この区間は旧釧路鉄道の線路跡を活用した。 |
| 1927（昭和2）年9月15日 | 釧網線として釧路～別保信号場～標茶間が開業。 |
| 1928（昭和3）年11月11日 | 別保信号場を駅に格上げして東釧路駅に改称。釧網線の起点を東釧路に変更。 |
| 1929（昭和4）年8月15日 | 釧網線の標茶～弟子屈間が延伸開業。 |
| 1929（昭和4）年11月14日 | 網走本線の斜里～札鶴（現・札弦）間が延伸開業。 |
| 1930（昭和5）年8月20日 | 釧網線の弟子屈～川湯（現・川湯温泉）間が延伸開業。 |
| 1931（昭和6）年9月20日 | 札鶴～川湯間が延伸開業して全通。上札鶴（現・緑）駅が開業。網走本線網走～札鶴間を釧網線に編入。 |
| 1932（昭和7）年12月1日 | 網走～鱒浦間でルート変更。網走駅を移転。初代網走駅が浜網走貨物駅となる。 |
| 1936（昭和11）年10月29日 | 標茶駅から分岐する計根別線（後の標津線）が開業。これに伴い線名を釧網本線に改称。 |
| 1957（昭和32）年6月 | 釧路～川湯間で臨時の気動車準急「摩周」が運転開始。同年9月まで平日2往復運転。 |
| 1957（昭和32）年11月10日 | 根北線斜里～越川間が開業（1970年廃止）。 |
| 1961（昭和36）年10月1日 | 準急「摩周」1往復を北見まで延長して「しれとこ」に改称。残りの1往復を「わこと」に改称。 |
| 1962（昭和37）年5月1日 | 釧路～標茶～標津線根室標津間で準急「らうす」2往復が運転開始。 |
| 1963（昭和38）年4月1日 | 釧網本線の運転業務などを管理する釧網線管理所を斜里駅に設置。 |
| 1964（昭和39）年6月1日 | 原生花園仮乗降場を設置。 |
| 1966（昭和41）年3月5日 | 「わこと」「しれとこ」を急行に格上げ。「らうす」2往復のうち1往復を「くなしり」に改称して急行に格上げ（中標津～根室標津間は普通列車）。 |
| 1966（昭和41）年3月25日 | 急行「わこと」を「しれとこ」に統合。 |
| 1967（昭和42）年4月1日 | 桂台仮乗降場（現・桂台駅）を設置。 |
| 1968（昭和43）年10月1日 | 釧網線内、標津線内のみを運転する優等列車の愛称を「しれとこ」に統一。石北本線の急行「大雪」の一部の運転区間を網走から釧路までに延長。 |
| 1969（昭和44）年2月1日 | 釧網線管理所を廃止。標茶駅に釧路機関区の機関支区を設置。 |
| 1974（昭和49）年7月21日 | 釧路～弟子屈間で蒸気機関車のさよなら運転。 |
| 1978（昭和53）年10月2日 | 原生花園仮乗降場を廃止（後に再開）。 |
| 1980（昭和55）年10月1日 | 「しれとこ」が標津線内で普通列車に格下げ。 |
| 1981（昭和56）年10月1日 | 急行「大雪」のうち釧網本線を運転する編成を分割し、「しれとこ」に編入。 |
| 1984（昭和59）年2月1日 | 混合列車を廃止。 |
| 1986（昭和61）年7月15日 | 1984年に無人化した北浜駅舎を利用し、レストラン「停車場」がオープン。 |
| 1986（昭和61）年11月1日 | 急行「しれとこ」が廃止。 |
| 1987（昭和62）年4月1日 | 国鉄分割民営化。JR北海道とJR貨物が釧網本線を継承。桂台仮乗降場を駅に昇格。 |
| 1987（昭和62）年7月1日 | 原生花園臨時駅を再開設。 |
| 1988（昭和63）年7月23日 | 釧路湿原臨時駅を新設。 |

| | |
|---|---|
| 1989（平成1）年4月30日 | 標津線が廃止。釧網本線の支線が消滅。 |
| 1989（平成1）年5月1日 | 釧路～網走間で快速「しれとこ」が運転開始。 |
| 1989（平成1）年6月24日 | 釧路～塘路間で「くしろ湿原ノロッコ」号が夏季運転を開始。後に流氷や紅葉の時期にも運転される。 |
| 1990（平成2）年11月20日 | 弟子屈駅を摩周駅に改称。 |
| 1991（平成3）年11月1日 | 全線でワンマン運転となる。 |
| 1996（平成8）年12月1日 | 釧路湿原臨時駅が常設駅に昇格。 |
| 1998（平成10）年4月11日 | 斜里駅を知床斜里駅に改称。 |
| 1998（平成10）年5月 | 車両の一部が老朽化したため、「くしろ湿原ノロッコ」号の運転を一時終了。 |
| 1998（平成10）年7月 | 「くしろ湿原ノロッコ」号が50系客車改造車による新編成で運転再開。 |
| 2000（平成12）年1月 | 釧路～標茶・川湯温泉間でC11 171牽引の「SL冬の湿原」号が運転開始。 |
| 2000（平成12）年2月 | 釧路～知床斜里間で「マウントレイク摩周」号がキハ84形改造車で運転開始。 |
| 2000（平成12）年6月 | 知床斜里～網走間で「原生花園スタンディングトレイン」が運転開始。 |
| 2002（平成14）年4月1日 | 全線で貨物営業が廃止。 |
| 2003（平成15）年1月 | 釧路～知床斜里間で、キハ183系改造車による臨時快速「お座敷摩周」号が運転開始。翌年3月まで運転。 |
| 2005（平成17）年7月14日 | 知床半島がユネスコ世界自然遺産に登録。 |
| 2007（平成19）年4月14日 | 浜小清水～藻琴間でDMV（デュアルモードビークル）の試験営業を開始。翌年も実施。 |
| 2016（平成28）年2月28日 | 「流氷ノロッコ号」運行終了。 |
| 2017（平成29）年3月4日 | 五十石駅が廃止。 |
| 2021（令和3）年3月13日 | 南斜里駅が廃止。 |

## 【石北本線の年表】

| | |
|---|---|
| 1896（明治29）年5月14日 | 北海道鉄道敷設法が公布。後の網走本線の基になる「十勝国利別ヨリ北見国相ノ内ニ至ル鉄道」が予定線となる。 |
| 1906（明治39）年12月 | 利別～相ノ内間の予定線を「池田カラ網走ニ至ル鉄道」に変更し、第1期線に編入。 |
| 1911（明治44）年9月25日 | 網走線池田～淕別（後の陸別）～野付牛（現・北見）間（後の池北線）が開通。 |
| 1912（大正1）年10月5日 | 野付牛～網走間が延伸開業し、網走線池田～網走間が全通。 |
| 1912（大正1）年11月18日 | 湧別軽便線野付牛～留辺蘂間が開業。網走線を網走本線に改称。 |
| 1914（大正3）年10月5日 | 湧別軽便線留辺蘂～下生田原（現・安国）間が延伸開業。奔無加（現・金華）駅、上生田原（現・生田原）駅が開業。野付牛～留辺蘂間を留辺蘂軽便線に改称。 |
| 1915（大正4）年11月1日 | 湧別軽便線の下生田原～遠軽・社名淵（後の名寄本線開盛）間が延伸開業。 |
| 1916（大正5）年11月7日 | 留辺蘂～社名淵間で762㎜から1067㎜に改軌。留辺蘂軽便線を湧別軽便線に再統合。 |
| 1917（大正6）年6月 | 第39回特別議会で、石狩地方と北見地方を短絡する石北線の建設が採択される。 |
| 1922（大正11）年9月2日 | 湧別軽便線を湧別線に改称。 |
| 1922（大正11）年11月4日 | 石北線として新旭川～愛別間が開業。 |
| 1923（大正12）年11月15日 | 愛別～上川間が延伸開業。 |
| 1927（昭和2）年10月10日 | 石北東線として遠軽～丸瀬布間が開業。瀬戸瀬駅が開業。これに伴い石北線新旭川～上川間を石北西線に改称。 |
| 1929（昭和4）年8月12日 | 石北東線丸瀬布～白滝間が延伸開業。 |
| 1929（昭和4）年11月20日 | 石北西線上川～中越（現・中越信号場）間が延伸開業。 |
| 1932（昭和7）年8月 | 石北トンネル（全長4356m）が完成。 |
| 1932（昭和7）年10月1日 | 中越～白滝間が延伸開業。上越、奥白滝、上白滝の各駅が開業。石北西線、延伸区間、石北東線を統合し、さらに湧別線野付牛～遠軽間を石北線に編入して石北線新旭川～野付牛間が全通。 |
| 1932（昭和7）年12月1日 | 網走駅を呼人寄りに0.8km移設。旧網走駅を浜網走貨物駅に改称し、貨物支線網走～浜網走間が開業。 |
| 1942（昭和17）年10月1日 | 野付牛駅を北見駅に改称。 |
| 1949（昭和24）年9月15日 | 函館～旭川間急行の運転区間を網走まで延長。函館～網走間で直通列車が運転開始。 |
| 1951（昭和26）年4月1日 | 函館～網走間急行に「大雪」の愛称が付く。 |
| 1955（昭和30）年6月1日 | 函館～網走間で準急が運転開始。 |
| 1958（昭和33）年10月1日 | 函館～網走間の直通列車（札幌～北見間準急）に「石北」、同区間の準急（北見～網走間普通）に「はまなす」の愛称が付く。 |
| 1959（昭和34）年9月22日 | 旭川～網走間で臨時気動車準急「オホーツク」が運転開始。 |
| 1960（昭和35）年7月1日 | 準急「オホーツク」の発着を旭川から札幌に変更。 |
| 1961（昭和36）年4月1日 | 網走本線の北見～網走間、網走～浜網走間（貨）を石北線に統合し、石北本線に改称。 |
| 1961（昭和36）年10月1日 | 準急「オホーツク」「はまなす」を急行に格上げ。「はまなす」は札幌・旭川～網走間の運転となる。 |
| 1963（昭和38）年6月1日 | 札幌発着の急行「はまなす」を「大雪」に改称。 |
| 1964（昭和39）年10月1日 | 函館～網走・釧路間で特急「おおとり」、旭川～網走間で準急「あばしり」が運転開始。 |
| 1966（昭和41）年3月5日 | 準急「石北」「あばしり」を急行に格上げ。 |
| 1968（昭和43）年10月1日 | 急行「オホーツク」「はまなす」「石北」「あばしり」を「大雪」に改称。 |
| 1969（昭和44）年11月1日 | 浜網走貨物駅を呼人～網走間の南側に移設。 |
| 1972（昭和47）年10月2日 | 急行「大雪」の一部を札幌～網走間の特急に格上げし、「オホーツク」に改称。 |
| 1975（昭和50）年5月31日 | 北見～網走間でC58 418牽引の列車がさよなら運転。 |
| 1975（昭和50）年7月17日 | 北見～網走間でSL牽引による最後の貨物列車が運転。翌日から無煙化。 |
| 1975（昭和50）年12月25日 | 上越駅を信号場に格下げ。 |
| 1977（昭和52）年9月18日 | 東相ノ内～北見間が北見トンネル経由の新線に移行。日本初の地下化による連続立体交差が完成。 |
| 1980（昭和55）年10月1日 | 東旭川～宗谷本線北旭川間を短絡する貨物支線（6.2km）が開業。 |
| 1983（昭和58）年1月10日 | 沿線の14駅を一斉に無人化。翌日に全線の自動閉塞化が完了。 |
| 1984（昭和59）年2月1日 | 貨物支線網走～浜網走間が廃止。 |
| 1984（昭和59）年11月10日 | 沿線の8駅を一斉に無人化。 |
| 1986（昭和61）年11月1日 | 貨物支線東旭川～北旭川間を休止（JR誕生時に廃止）。南永山、西北見、愛し野の各臨時乗降場を新設。上川～白滝間で普通列車を1往復に削減。 |
| 1986（昭和61）年11月1日 | 昼行の急行「大雪」が廃止。特急「オホーツク」「おおとり」にキハ183系を投入。 |
| 1987（昭和62）年4月1日 | 国鉄分割民営化。JR北海道が石北本線を継承。JR貨物が新旭川～北見間、美幌～網走間の貨物営業を継承。 |
| 1988（昭和63）年3月13日 | 特急「おおとり」を札幌で系統分割し、函館～札幌間が特急「北斗」、札幌～網走間が特急「オホーツク」となる。 |
| 1988（昭和63）年11月3日 | 旭川～北見間で特別快速「きたみ」が定期での運転を開始。 |
| 1992（平成4）年3月14日 | 普通列車のワンマン運転開始。夜行急行「大雪」を特急に格上げして「オホーツク」に編入。 |
| 2002（平成14）年4月1日 | 美幌～網走間で貨物営業を廃止。 |
| 2006（平成18）年3月18日 | 新栄野駅が廃止。夜行の特急「オホーツク」を臨時列車に格下げ。 |
| 2008（平成20）年3月16日 | 夜行の特急「オホーツク」が運転終了。 |
| 2008（平成20）年6月28日 | 翌日にかけ、北見～白滝間で「SL常紋」号を運転。 |
| 2016（平成28）年3月26日 | 上川～網走間で普通列車の本数を削減。 |
| 2017（平成29）年3月4日 | 常紋信号場を廃止。 |
| 2021（令和3）年3月13日 | 北日ノ出駅、将軍山駅、東雲駅、生野駅が廃止。 |

※年表は各種資料をもとに編集部にて作成

# 【根室本線】

区間　滝川～根室　443.8km
1921（大正10）年8月5日全通

滝川　たきかわ
0.0km（滝川起点）
↓
東滝川　ひがしたきかわ
7.2km（滝川起点）
↓
赤平　あかびら
13.7km（滝川起点）
↓
茂尻　もしり
17.2km（滝川起点）
↓
平岸　ひらぎし
2.7km（滝川起点）
↓
芦別　あしべつ
26.6km（滝川起点）
↓
上芦別　かみあしべつ
30.5km（滝川起点）
↓
野花南　のかなん
35.2km（滝川起点）
↓
富良野　ふらの
54.6km（滝川起点）
↓
布部　ぬのべ
60.9km（滝川起点）
↓
山部　やまべ
66.7km（滝川起点）
↓
下金山　しもかなやま
74.7km（滝川起点）
↓
金山　かなやま
81.6km（滝川起点）
↓
東鹿越　ひがししかごえ
94.8km（滝川起点）
↓
幾寅　いくとら
98.8km（滝川起点）
↓
落合　おちあい
108.2km（滝川起点）
↓
新得　しんとく
136.3km（滝川起点）
↓
十勝清水　とかちしみず
145.4km（滝川起点）
↓
御影　みかげ
155.9km（滝川起点）
↓
芽室　めむろ
166.5km（滝川起点）
↓
大成　たいせい
168.6km（滝川起点）
↓
西帯広　にしおびひろ
173.4km（滝川起点）
↓

柏林台　はくりんだい
176.6km（滝川起点）
↓
帯広　おびひろ
176.0km（滝川起点）
↓
札内　さつない
184.9km（滝川起点）
↓
幕別　まくべつ
194.3km（滝川起点）
↓
利別　としべつ
200.8km（滝川起点）
↓
池田　いけだ
204.3km（滝川起点）
↓
十弗　とおふつ
212.8km（滝川起点）
↓
豊頃　とよころ
218.2km（滝川起点）
↓
新吉野　しんよしの
225.3km（滝川起点）
↓
浦幌　うらほろ
231.7km（滝川起点）
↓
厚内　あつない
250.1km（滝川起点）
↓
音別　おんべつ
265.1km（滝川起点）
↓
白糠　しらぬか
281.1km（滝川起点）
↓
西庶路　にししょろ
286.5km（滝川起点）
↓
庶路　しょろ
288.6km（滝川起点）
↓
大楽毛　おたのしけ
299.0km（滝川起点）
↓
新大楽毛　しんおたのしけ
300.8km（滝川起点）
↓
新富士　しんふじ
305.7km（滝川起点）
↓
釧路　くしろ
308.4km（滝川起点）
↓
東釧路　ひがしくしろ
311.3km（滝川起点）
↓
武佐　むさ
312.5km（滝川起点）
↓
別保　べっぽ
317.0km（滝川起点）
↓
上尾幌　かみおぼろ
331.7km（滝川起点）
↓
尾幌　おぼろ
340.9km（滝川起点）
↓

門静　もんしず
350.1km（滝川起点）
↓
厚岸　あっけし
398.9km（滝川起点）
↓
糸魚沢　いといざわ
365.6km（滝川起点）
↓
茶内　ちゃない
375.2km（滝川起点）
↓
浜中　はまなか
382.2km（滝川起点）
↓
姉別　あねべつ
392.3km（滝川起点）
↓
厚床　あっとこ
398.9km（滝川起点）
↓
別当賀　べっとが
414.5km（滝川起点）
↓
落石　おちいし
424.8km（滝川起点）
↓
昆布盛　こんぶもり
428.8km（滝川起点）
↓
西和田　にしわだ
433.6km（滝川起点）
↓
東根室　ひがしねむろ
442.3km（滝川起点）
↓
根室　ねむろ
443.8km（滝川起点）

# 【富良野線】

区間　旭川～富良野　54.8km
1900（明治33）年8月1日全通

旭川　あさひかわ
0.0km（旭川起点）
↓
神楽岡　かぐらおか
2.4km（旭川起点）
↓
緑が丘　みどりがおか
4.0km（旭川起点）
↓
西御料　にしごりょう
5.2km（旭川起点）
↓
西瑞穂　にしみずほ
7.4km（旭川起点）
↓
西神楽　にしかぐら
9.9km（旭川起点）
↓
西聖和　にしせいわ
12.3km（旭川起点）
↓
千代ヶ丘　ちよがおか
16.6km（旭川起点）
↓

↓
北美瑛　きたびえい
20.3km(旭川起点)
↓
美瑛　びえい
23.8km(旭川起点)
↓
美馬牛　びばうし
30.6km(旭川起点)
↓
上富良野　かみふらの
39.7km(旭川起点)
↓
西中　にしなか
44.2km(旭川起点)
↓
ラベンダー畑(臨)らべんだーばたけ
45.8km(旭川起点)
↓
中富良野　なかふらの
47.3km(旭川起点)
↓
鹿討　しかうち
49.7km(旭川起点)
↓
学田　がくでん
52.5km(旭川起点)
↓
富良野　ふらの
54.8km(旭川起点)

## 【釧網本線】

**区間　東釧路〜網走　166.2km
1931(昭和6)年9月20日全通**

東釧路　ひがしくしろ
0.0km(東釧路起点)
↓
遠矢　とおや
7.4km(東釧路起点)
↓
釧路湿原　くしろしつげん
14.7km(東釧路起点)
↓
細岡　ほそおか
17.1km(東釧路起点)
↓
塘路　とうろ
24.3km(東釧路起点)
↓
茅沼　かやぬま
31.3km(東釧路起点)
↓
標茶　しべちゃ
45.2km(東釧路起点)
↓
磯分内　いそぶんない
55.8km(東釧路起点)
↓
摩周　ましゅう
70.5km(東釧路起点)
↓
美留和　びるわ
79.2km(東釧路起点)
↓
川湯温泉　かわゆおんせん
86.4km(東釧路起点)
↓

↓
緑　みどり
100.9km(東釧路起点)
↓
札弦　さっつる
109.2km(東釧路起点)
↓
清里町　きよさとちょう
117.0km(東釧路起点)
↓
中斜里　なかしゃり
124.3km(東釧路起点)
↓
知床斜里　しれとこしゃり
128.9km(東釧路起点)
↓
止別　やむべつ
140.4km(東釧路起点)
↓
浜小清水　はまこしみず
146.1km(東釧路起点)
↓
原生花園(臨)げんせいかえん
149.3km(東釧路起点)
↓
北浜　きたはま
154.7km(東釧路起点)
↓
藻琴　もこと
157.5km(東釧路起点)
↓
鱒浦　ますうら
160.0km(東釧路起点)
↓
桂台　かつらだい
164.8km(東釧路起点)
↓
網走　あばしり
166.2km(東釧路起点)

## 【石北本線】

**区間　新旭川〜網走　234.0km
1932(昭和7)年10月1日全通**

新旭川　しんあさひかわ
0.0km(新旭川起点)
↓
南永山　みなみながやま
2.5km(新旭川起点)
↓
東旭川　ひがしあさひかわ
5.2km(新旭川起点)
↓
桜岡　さくらおか
10.2km(新旭川起点)
↓
当麻　とうま
13.9km(新旭川起点)
↓
伊香牛　いかうし
19.5km(新旭川起点)
↓
愛別　あいべつ
25.9km(新旭川起点)
↓
中愛別　なかあいべつ
32.0km(新旭川起点)
↓

↓
愛山　あいざん
36.0km(新旭川起点)
↓
安足間　あんたろま
38.0km(新旭川起点)
↓
上川　かみかわ
44.9km(新旭川起点)
↓
白滝　しらたき
82.2km(新旭川起点)
↓
丸瀬布　まるせっぷ
101.9km(新旭川起点)
↓
瀬戸瀬　せとせ
109.7km(新旭川起点)
↓
遠軽　えんがる
120.8km(新旭川起点)
↓
安国　やすくに
128.8km(新旭川起点)
↓
生田原　いくたはら
137.7km(新旭川起点)
↓
西留辺蘂　にしるべしべ
156.2km(新旭川起点)
↓
留辺蘂　るべしべ
158.2km(新旭川起点)
↓
相内　あいのない
169.1km(新旭川起点)
↓
東相内　ひがしあいのない
173.7km(新旭川起点)
↓
西北見　にしきたみ
176.3km(新旭川起点)
↓
北見　きたみ
181.0km(新旭川起点)
↓
柏陽　はくよう
183.7km(新旭川起点)
↓
愛し野　いとしの
185.9km(新旭川起点)
↓
端野　たんの
187.3km(新旭川起点)
↓
緋牛内　ひうしない
194.6km(新旭川起点)
↓
美幌　びほろ
206.1km(新旭川起点)
↓
西女満別　にしめまんべつ
213.1km(新旭川起点)
↓
女満別　めまんべつ
218.1km(新旭川起点)
↓
呼人　よびと
225.9km(新旭川起点)
↓
網走　あばしり
234.0km(新旭川起点)

※各線とも廃止の駅は除く
各種資料をもとに編集部にて作成(2021年6月現在)。

# 根室本線
ねむろほんせん

赤平、茂尻ともに炭鉱で栄えた駅。赤平駅の貨物発送量は一時期国鉄トップクラスだった。写真はそのような時代の面影を
まだ残していた当時の様子。空知の繁栄を支えた炭鉱住宅の脇をD51牽引の運炭列車が走る。
◎赤平～茂尻　1972（昭和47）年6月24日

快速「ミッドナイト」用のドリームカー（キハ27形501）が臨時快速の応援車として充当。シートピッチがゆったりしたリクライニングシートながら普通車扱いでキロではなくキハだった。写真は同車側に取り付けられた「カナディアンワールド号」のヘッドマーク。◎芦別　1991（平成3）年8月30日

当時の芦別市には、レジャーランドの「北の京・芦別」と、テーマパーク「カナディアンワールド」（現在は公園）があり、和式気動車キロ29＋ミッドナイト用キハ27形500番台による臨時快速が運行された。写真はキロ29側に取り付けられた「北の京・芦別号」のヘッドマーク。◎芦別　1991（平成3）年8月30日

芦別川を渡る快速「狩勝」でキハ40。1990（平成２）年の急行「狩勝」の廃止を受けて運行を開始した快速。急行時代とは異なり、快速化によって停車駅が増えた。現在もキハ40による運行で、2021（令和３）年現在は、東鹿越～新得間が不通によるバス代行のため、滝川～東鹿越間の運行になっている。◎芦別～上芦別　1991（平成３）年８月30日

芦別と上芦別の市街地の間に位置する芦別川を行くシーン。背の高い橋脚上のガーダー橋を渡るD51牽引の貨物列車。芦別市は、かつて炭鉱で栄えた街。写真当時は三井芦別炭鉱が操業していた。
◎芦別〜上芦別
1972（昭和47）年6月24日

雨上がりの水田風景の中、D51のドラ
フト音とともに駆けてきた貨物列車。
ハンノキが並ぶ向うに白く棚引く煙が
一直線に流れる。ハンノキは湿地など
に生殖する樹木。水分に強く、水田で
も繁殖する。
◎上芦別〜野花南
1972(昭和47)年6月24日

野花南駅を発車するD51形1101号機牽引の貨物列車。煙室扉に白いペンキで統一列車と書かれている。当時は労働運動のスローガンや要求などを白いペンキで記した蒸気機関車が各地で多くあり、当時を物語った写真である。
◎野花南　1972（昭和47）年6月24日

キハ56系から改造の和式気動車。畳を敷いたお座敷車両である。各車に北海道の名所にちなんだ愛称が付き、総称して「くつろぎ」の愛称だった。写真の年にキハ56形から改造のキロ59形が加わり、従来のキロ29形（キハ27形から改造）もV字ラインの塗色へ変更された。◎富良野　1984（昭和59）年10月29日

DD51牽引によるコンテナ貨物列車。当時は全国的に見ても車扱貨物のほうが断然列車本数が多く、コンテナ貨物のほうが特に地方幹線やローカル線では珍しかった。それゆえ、被写体としても好まれたと思いきや、当時は現在とは異なり、それほど貨物列車の人気は高くなく、魅力的な旅客列車がまだ各地で多く走っていた。よって、このようなシーンは意外に貴重だ。◎富良野付近　1984（昭和59）年10月29日

ネギ坊主が広がる耕作地の向うにD51牽引の貨物列車が走る。島ノ下駅は1913（大正2）年に開業。かつては貨物・荷物とも
に取扱いのある旅客駅だったが、2017（平成29）年に信号場となった。◎島ノ下〜富良野　1972（昭和47）年6月24日

急行「狩勝」は札幌〜釧路間を結んだディーゼル急行で2往復運転されていた。富良野には、下りが朝と午後、上りが夕方と夜にやってきた。上り夜の「狩勝4」号は富良野で分割され、富良野線経由の旭川行普通列車（快速運転）に。下り午後の「狩勝3」号は帯広〜釧路間普通列車で運行した。◎富良野　1984（昭和59）年10月29日

玉ねぎ畑と「フラノエクスプレス」。キハ80系を改造したジョイフルトレインとして国鉄時代の1986（昭和61）年12月にデビュー。当初は3両編成で運行したが、写真当時は4両編成となり、特急「フラノエクスプレス」として札幌〜富良野間を結んでいた。
◎富良野〜島ノ下
1991（平成3）年8月30日

富良野観光の玄関口。現在も使用される駅舎。写真の前年に石勝線が開通し、特急「おおぞら」の全列車が石勝線経由に変更。写真は、それまで富良野駅を経由していた特急「おおぞら」が通らなくなった頃の様子。
◎富良野　1982（昭和57）年6月20日

富良野盆地を行くキハ40。開拓以来の
先人が築いてきた耕作地があちらこち
らの沿線に見られる。にんじん、玉ね
ぎ、メロンにアスパラガスなどが実り、
畜産や稲作なども盛んなところとして
知られる。
◎富良野～島ノ下
1991（平成3）年8月30日

北海道の大自然に抱かれて走るキハ22とキハ40の2連。両車ともに塗装が剥げて、やや痛々しい姿。国鉄末期には、現在からすると色褪せた車両がそのまま使われているシーンもよく見掛けた。今となっては、このような色褪せた気動車も、国鉄時代の懐かしい思い出である。
◎富良野付近
1984（昭和59）年10月29日

1982（昭和57）年当時の改築前の木造駅舎。駅舎の向こうは芦別岳。写真当時は貨物、荷物ともに取扱い駅で、さらに急行「狩勝」停車駅だった。現在の駅舎は1988（昭和63）年12月に改築された駅舎。急行「狩勝」は駅舎改築の翌々年に廃止、1994（平成６）年に簡易委託を解消し、無人駅となった。◎山部　1982（昭和57）年６月20日

山部を発車すると、西へ東へと進路を変える根室本線にあって、西側に聳える芦別岳は寄り添うにして続く。冠雪した山が映える。芦別岳は夕張山地で一番高い山。標高は1726m。北海道百名山である。
◎山部〜下金山
1999（平成11）年５月18日

富良野市の南部に位置する山部駅。写真は、プラットホームにかつて建っていた木造の待合室で、裏側には木材が山積みされている様子が写る。北海道の初夏に冠雪が見られる背景の山は芦別岳である。◎山部　1982（昭和57）年6月20日

空知川を渡るキハ150形。キハ150形は両運転台車で、高出力機関を搭載。2人掛けと1人掛けのクロスシートを配したセミクロスシート。写真はラベンダーを意識したライトパープルの配色による旭川運転所の所属車両。
◎東鹿越〜金山　1999（平成11）年5月10日

快速「狩勝」。列車愛称は、狩勝峠から。1966（昭和41）年９月30日に新線が開業。狩勝信号場経由の根室本線旧線は新線開業の翌日に廃止となった。2016（平成28）年の台風被害以来、写真の区間も不通が続く。今もなお、東鹿越〜新得間の代行バス輸送が続き、復旧開通しないままである。◎落合〜新得　1991（平成３）年10月19日

石勝線開業の翌年に撮影された駅舎で、旧駅舎の時代。電話ボックスの横に洗面所が見られる。かつての新得は、旧線にあった難所狩勝峠をひかえた前線基地。峠越えをするための補機が配置され、扇形機関庫や転車台を備えた新得機関区が置かれていた。◎新得　1982（昭和57）年6月28日

在りし日の３代目帯広駅舎。1966（昭和41）年12月に民衆駅として登場した駅舎。４階は後に増築された部分。写真当時の
帯広駅は士幌線と広尾線の起点駅でもあった。駅は1996（平成８）年11月の高架化によって４代目駅舎へ改築されている。
◎帯広　1982（昭和57）年６月28日

帯広駅と帯広運転区の夜景。左側に写
るのは機関庫。入換の蒸気機関車が煙
を吐く。（貨）帯広駅（現・帯広貨物駅）
が開設されていたが、駅舎側の引込み線
には多数の貨車が見られる。現在の帯
広駅は高架駅。写真は当時の活気を伝
える歴史写真である。
◎帯広　1972（昭和47）年10月27日

利別と池田の市街地の間に位置する利別川を渡るキハ27 + キハ56 + キハ40。夕陽に照らされた国鉄色が美しい。当時はまだ
キハ56系が現役で、国鉄時代の雰囲気を味わうことができた。◎利別～池田　1991（平成3）年10月19日

北海道らしい雄大な河川と山、そして橋梁風景。十勝平野に拓けた池田町を南北に流れる利別川は十勝川支流の河川。平坦な地形に広がる白いガーダー橋が印象的で、開放的な雰囲気の中、キハ40の単行が行く。
◎利別～池田　1991（平成3）年10月19日

札幌〜釧路間を石勝線経由で運行の「おおぞら」。写真は旧利別川の流れに沿って快走するキハ183系特急「おおぞら」。新型気動車による「おおぞら」は「スーパーおおぞら」で、既存のキハ183系使用列車は「おおぞら」と区分されていた。
◎池田〜十弗　1999（平成11）年5月9日

馬主来沼付近を走行する特急「おおぞら」。昭和初期までは付近に波若信号場が設置されていた。北側に古瀬駅があったが、2020（令和２）年に旅客扱いを取りやめ、古瀬信号場になった。馬主来沼付近を抜けると、太平洋沿いに出て、音別駅の手前まで海岸沿いを走行する。◎古瀬～音別　1999（平成11）年５月10日

カーブ区間で威力を発揮するキハ283系「スーパーおおぞら」。「FURICO 283」のロゴが見られるように、高速運転に適した振り子式気動車。1996（平成8）年から量産が開始され、1997（平成9）年3月にキハ283系による「スーパーおおぞら」がデビューした。◎古瀬〜白糠　1999（平成11）年5月10日

池田駅の駅舎と噴水。池田町はワインの町。この噴水はワイングラス噴水として知られるもので、1975（昭和50）年に国鉄が設置。2003（平成15）年に発生した十勝沖地震で損壊したが、2006（平成18）年にJR北海道が修復を行い、復活を果たしている。
◎池田　1982（昭和57）年6月28日

大楽毛と書いて「おたのしけ」と読む。写真は旧駅舎。釧路市郊外で比較的利用が多く、駅出入口付近にはカラフルなテント屋根の付いた自動販売機が2機設置されている。左には駅職員による駅庭。国鉄時代の駅にはこのような駅庭がよく見られた。◎大楽毛　1982（昭和57）年6月27日

窓のR部分などに1970年代に流行った住宅や公民館などの建築を感じさせる駅舎。当時は駅舎前に郵便ポストも見られた。駅舎は現役で、個人的には1970年代あたりの日本車旧車と一緒に撮影すると様になるような駅舎だと思う。◎西庶路　1982（昭和57）年6月27日

根室本線　43

島式ホーム1面2線の駅に停車するキハ27＋キハ22＋キハ40による6連の普通列車。当時は本線の名に相応しい比較的長い編成の普通列車が運行されていた。広い駅構内は明治鉱業の専用線が接続していた面影。写真には駅周辺に建ち並ぶ住宅が写る。◎西庶路　1982（昭和57）年6月27日

大楽毛駅の島式ホームでの列車交換風景。黄色いブロックではなく、昔ながらの白線が並ぶ。写真左側には側線が写る。当時の同駅は本州製紙釧路工場専用線と接続していたが、写真の2年後、1984（昭和59）年に専用線は廃止された。
◎大楽毛　1982（昭和57）年6月27日

朝の釧路駅。道東の大都市釧路の朝。写るのは、札幌から石勝線経由で運行していた客車急行「まりも」。当時の時刻は札幌22:25発釧路着6:10だった。14系座席車と同系寝台車による編成。座席車は1982（昭和57）年11月に14系化。しばらく座席車だけ14系であったが、1983（昭和58）年6月に寝台車が10系から14系化された。◎釧路　1987（昭和62）年2月

釧網本線0キロポストが立ち、釧網本
線の分岐駅だが、列車は全て釧路へ。
写真には1961（昭和32）年改築の駅舎が
写り、駅前側から撮った写真。当時の
駅構内は比較的広く、当時はまだ貨物
支線が分岐し、釧路臨港鉄道の貨物も
乗り入れしていた。側線跡などは、現
在では宅地化されている。
◎東釧路　1982（昭和57）年6月27日

1961（昭和36）年築の民衆駅。民衆駅とは国鉄と地元商工業者などが共同出資して建設される駅舎のことで、同駅には釧路ステーションデパートが地下に開店した。駅舎は現在も使用されるが、釧路ステーションデパートについては、2004（平成16）年に閉店している。
◎釧路　1977（昭和52）年6月27日

C58牽引の客車列車を朝焼けで狙った
写真。低い朝陽が旧型客車に照り付け、
朝の仕業に就く蒸気機関車牽引列車の
力強い鼓動が響いてきそうな写真だ。
朝の釧路川の雰囲気も出ていて、川面
に写る棚引く煙が抒情的だ。
◎釧路～東釧路
1972（昭和47）年10月25日

夕焼けの釧路川を行くC58牽引の
貨物列車。夕焼けのシーンをフィ
ルター使用で幻想的な色合いにし
た作品。現在のデジタルカメラで
あれば、夕焼けの時間帯でもISOを
上げて列車の姿を容易に捉えるこ
とができるが、感度の低いポジフィ
ルムしかなかった1970年代にこの
ような作品に仕上げるのは、なか
なか経験がいるものだった。
◎釧路～東釧路
1972（昭和47）年10月25日

釧路川を渡るC58牽引の客車列車。釧路川鉄橋と呼ばれる有名鉄道撮影スポットである。復活蒸気機関車による臨時列車の撮影でも有名なところであるが、写真は現役当時の蒸気機関車牽引列車。今も昔も釧路を発車した蒸気機関車が勢いよく煙を出す鉄橋として知られる。◎釧路～東釧路　1972（昭和47）年10月25日

C58形牽引の貨物列車をサイドから撮
影。別保～上尾幌間の駅間は14.7kmで、
根室本線の中でも比較的長い駅間距離
である。釧路郡釧路村（現同郡釧路町）
から厚岸町にかけての区間で、途中は
無人地帯。エゾシカと遭遇することも
度々だ。
◎別保～上尾幌
1973（昭和48）年3月4日

カーブを描きながら驀進するC58牽引の貨物列車。海から遠い内陸部を走り、別保～上尾幌間では線路が蛇行を繰り返すように敷かれている。太平洋側ということもあり、北海道の3月初旬にしては降雪量が少ない地域である。
◎別保～上尾幌
1973（昭和48）年3月4日

北海道の紅葉は早い。写真を見るとすでに盛りが過ぎたような色合いだ。C58形牽引の貨物列車をサイドから撮影。機関車次位の車掌車に黄色いラインが入るが、これは最高速度65km/h以下の速度制限を設定した貨車を示し、道外禁止の黄文字も付いた。◎別保〜上尾幌　1972（昭和47）年10月25日

カーブ区間が非常に多い別保〜上尾幌間。写真は白煙を吐きながら驀進してくるＣ58形410号機牽引の客車列車。後ろ３両は荷物車や郵便車。客車列車は、旅客輸送とともに荷物や郵便を運ぶ使命を担った。
◎別保〜上尾幌　1973（昭和48）年10月７日

上尾幌から南下して厚岸湾が近づくものかと思うと、門静で再び北へ迂回する根室本線。どこまでも続く原野の中、とても北海道らしい最果て紀行を楽しむことができる。それが蒸気機関車牽引列車であれば、尚更のことだった。
◎尾幌〜門静
1973（昭和48）年3月5日

青空と丘陵地に美しく並ぶ防雪林を背景にした鉄道風景。道外禁止の表示が入った車掌車とワムを連ねて走るC58。門静から西へ向けては、厚岸湾沿いから離れていく。原野や湿原の風景の中を走り、低い丘陵が線路に沿って続く。
◎門静～尾幌
1972 (昭和47) 年10月25日

厚岸湾に沿って東へ進むC58牽引の旅客列車。白煙が棚引く姿が美しい。厚岸湾には古くからの良港である厚岸港があり、漁業が厚岸町の主要産業。また、丘陵地が至るところに存在する地形が特徴である。
◎門静～厚岸　1973（昭和48）年3月5日

当時の釧路～根室間では、441レと442レの1日1往復の普通客車列車が運行されていた。写真はDD51形634号機牽引。後方は荷物車。当時は各駅での荷物取扱いがあり、気動車には荷物専用車が少なかったために、荷物車が多く在籍していた国鉄では、ディーゼルカー化した区間であっても、いわゆる客レを運行し、荷物車を連結した。ちなみに荷物車は貨物扱いではなく旅客扱いである。
◎厚岸　1982（昭和57）年6月27日

厚岸駅構内とキハ56系。厚岸は漁業の町。写真は浜厚岸への貨物支線廃止前。ただし、旅客用の一般的な時刻表の索引地図には貨物線のため掲載されていない。厚岸はカキの養殖も盛ん。そして、氏家待合所の駅弁が有名。駅弁大会などでも知られる「かきめし」が名物だ。◎厚岸　1982（昭和57）年6月27日

厚岸の町と旧型客車による普通列車。写真の奥にうっすら写るのは厚岸大橋。大橋の左側がカキの養殖場として名高い厚岸湖で、右側が厚岸港などのある厚岸湾。海とつながる厚岸湖は、湖と付くが塩分が大変多い。
◎厚岸　1982（昭和57）年6月26日

雪景色の厚岸〜糸魚沢間を駆けるC58
牽引の貨物列車。白煙を棚引かせなが
ら走る姿は、SLファンならずとも力強
さを感じさせた。C58の密閉式の運転
室は、冬の北海道の厳しい気象条件の
中、乗務員の労働環境改善に貢献した。
◎厚岸〜糸魚沢
1973(昭和48)年3月5日

厚岸駅を発車すると写真奥に写る厚岸
湖に沿って北上。やがて写真のような
別寒辺牛湿原を行く。C58牽引の貨物
列車が雄大な大自然を走る。現在の
別寒辺牛湿原は、厚岸湖とともにラム
サール条約の登録地である。
◎厚岸～糸魚沢
1973（昭和48）年10月7日

別寒辺牛湿原に敷かれた鉄道の築堤。1919（大正8）年に厚岸〜厚床間が開業。軟弱な地盤に築堤を築くことで開通をみた。
写真はガーダー橋に迫りくるC58牽引の貨物列車。◎厚岸〜糸魚沢　1973（昭和48）年3月5日

別寒辺牛湿原を走るC58牽引の貨物列車をサイドから撮影。丘陵地が点在し、見渡せる撮影地として程良い。どこまで続くような湿原の風景と煙を棚引かせて走る蒸気機関車とのシーンは、北海道らしい景色で、最果てのムードを感じさせる。
◎糸魚沢〜厚岸　1972（昭和47）年10月25日

66

急行「ノサップ」運行当時の浜中駅舎。急行停車駅の駅舎にしては、寂れた雰囲気の駅舎だった。平成に入ってコテージ風
の駅舎へ改築され、浜中町出身の漫画家モンキー・パンチ氏原作の『ルパン三世』ゆかりのスポットになっている。
◎浜中　1982（昭和57）年6月27日

標津線分岐駅当時の厚床駅舎。当時の駅では名物駅弁「ほたて弁当」を販売していた。写るバスは、地元のバスではなく、日本海沿岸の羽幌町が拠点の沿岸バス。現在のような道の駅が無かった時代は、貸切りバスが国鉄駅をトイレ休憩にしばしば使ったこともあったので、そのような時のシーンだろうか。◎厚床　1982（昭和57）年6月26日

有蓋車や無蓋車、冷蔵車を連結して走るC58。地域の産業に鉄道輸送が大きく関わっていた時代の記録。ほとんどの駅で貨物の取扱いを行っていた。根室本線釧路～根室間の無煙化は、写真の翌年だった。
◎厚床～初田牛　1973（昭和48）年3月5日

厚床〜別当賀間にあった駅。駅名は初田牛と書いて「はったうし」と読む。写真は駅舎とホーム。1977（昭和52）年に駅舎が改築されたので、当時の駅舎が写る今となっては貴重な写真。駅は2019（平成31）年に廃駅となった。
◎初田牛　1973（昭和48）年10月

キハ54形500番台で急行時代の「ノサップ」が通過。現在は快速だが、別当賀駅には停車しない。前年に写真のような車掌車改造の待合所を設置。老朽化した駅舎から貨車駅舎と呼ばれるこのタイプへの改築が進んだ時期だった。
◎別当賀　1987（昭和62）年２月

別当賀駅を通過するキハ54形500番台
の急行「ノサップ」。1986（昭和61）年
に登場したばかりのキハ54形500番台。
500番台は北海道仕様。釧路～根室間で
運行していた急行「ノサップ」の途中
停車駅は厚岸、茶内、浜中、厚床の各駅
だった。
◎別当賀　1987（昭和62）年2月

落石岬付近の雪景色を走るキハ54形
500番台の普通列車。500番台は酷寒地
向けに製造された北海道仕様。耐雪や
凍結防止を考慮した設計。2機関搭載
の両運転台車のため、排雪を1両で行
え、1機関搭載のキハ22やキハ40とは
異なり、出力を補う2両運転を行わな
くてよくなった。
◎別当賀～落石　1987（昭和62）年2月

C58形410号機。C58形は、国鉄蒸気機関車初の密閉型運転室。また、運転室扉下は炭水車とつながる床で、従来の渡し板的な構造に比べて振動が緩和された。根室本線はC58形運用の最東端。同線の無煙化まで活躍した蒸気機関車の形式である。
◎西和田～昆布盛　1973（昭和48）年10月7日

花咲岬や花咲灯台を望みながら、根室半島を走るC58。荷物車、郵便車、旅客車による編成（折り返しはその逆）。C58は密閉式の運転室で運転室扉が付いていたが、写真のように夏場は扉を開けたまま運転されることが多かった。
◎花咲～西和田　1973（昭和48）年10月7日

牧場の乳牛とＣ58牽引の貨物列車。花咲駅付近には古くから松浦牧場があり、大正時代に松浦牧場が土地を提供して花咲駅が開業した。かつては貨物の出荷などで栄えた駅だったが、利用者減少につき2016（平成28）年3月に廃駅に。車掌車改造の駅舎が松浦牧場へ譲渡されている。◎西和田〜花咲　1973（昭和48）年10月7日

1961（昭和36）年開業の東根室駅。根室拓殖鉄道歯舞駅が同鉄道の廃止で廃駅になって以降、日本最東端の駅に返り咲いていた根室駅だったが、この駅の開業で最東端ではなくなった。ただし、根室駅は日本最東端の有人駅である。
◎東根室　1973（昭和48）年10月

根室駅前に乗り入れる根室交通の路線バス。当時は名鉄グループのバス会社だったため、バスのデザインが名鉄風だった。
バス停留所にはリュック姿の旅行者らしき人の姿も。バスは市内を経由して納沙布岬へ。◎根室　1973（昭和48）年10月7日

1979（昭和54）年当時の根室駅。写真奥
が釧路方面で手前が終端側。写真左側
が駅舎と単式ホーム1面。旅客ホーム
は1面だが、貨物を仕分けする線や留
置線が並び、コンテナホームが見られ
た。当時の国鉄駅は旅客駅であるとと
ともに貨物取扱い駅でもあったことが
伝わる貴重な写真。
◎根室　1979（昭和54）年11月4日

駅舎から単式ホームに大きく張り出した特徴的な根室駅のホーム上屋。東の最果てを目指してやってきた旅行者を迎えてき
た上屋だ。上屋の向うに見えるのは貨物ホームと貨車。キハ22の右側奥に給水塔や給炭台が写り、転車台もあった。
◎根室　1973（昭和48）年10月7日

# 富良野線
ふらのせん

実り豊かな穀倉地帯で有名な富良野盆地。特に小麦が知られ、麦畑と鉄道のシーンは富良野線の撮影に欠かせない。現在ではラベンダー畑と富良野線のほうが有名な被写体だが、国鉄型車両にはやはり麦畑がよく似合う。
◎西中～中富良野
1980（昭和55）年7月14日

1982（昭和57）年当時の美瑛駅とキハ56、キハ40による4連。写真右側は貨物ホームと貨物側線。当時の跨線橋はこのような茶系の色合いだった。後に白色の跨線橋になるが、印象が随分異なった。石造りの駅舎が有名。写真左側には木材のストックヤードが広がる。
◎美瑛　1982（昭和57）年6月20日

畑を駅名に入れた珍しい駅名。ラベンダー駅ではなくラベンダー畑駅。臨時駅で写真の年の6月に開業。「富良野・美瑛ノロッコ号」用の駅だが、翌月からは期間限定で定期列車も停車するようになった。通常は定期列車が停車しない臨時駅なので、「富良野・美瑛ノロッコ号」利用以外は、事前の下調べが必要。
◎ラベンダー畑　1999（平成11）年7月

ファーム富田からの富良野線の眺望。写真はキカラシの花畑。広がる花畑の向うに写るのは、キハ150形の2連。キハ150形は旭川車だ。ちなみにラベンダー畑駅からファーム富田はすぐではなく、徒歩8分程度である。
◎ラベンダー畑～中富良野
1999（平成11）年7月

ファーム富田の景観は、国鉄ポスター
で知られるところとなったが、それで
も写真当時はまだ一部のファンが知る
程度だった。だが、ドラマ「北の国」
が写真の翌年から放映されると、一気
にファーム富田は全国的なメジャース
ポットとなった。写真に写る車両は
キハ22などの国鉄型。カラーポジで
ファーム富田とキハ22などの国鉄型を
撮り残している鉄道写真家は多くはな
いだろう。
◎西中～中富良野
1980（昭和55）年7月20日

キハ40とキハ54の2連。中富良野町と
言えば、ラベンダーで全国的に知られ
るが、実は北海道有数の穀倉地帯でも
あり、米どころとして有名で、沿線には
その耕作地が広がる。
◎鹿討～中富良野
1991（平成3）年8月30日

富良野から２つめの駅。朱色の首都圏色が美しいキハ40とキハ54の２連。JRの夏キャンペーンらしい幟が並ぶ。駅名は鹿討農場から。かつては札幌農学校の農地だったが、払い下げで鹿討農場となった。
◎鹿討　1991（平成３）年８月

鹿討駅へ到着のキハ54の2連。写真当時
のプラットホームの支柱はコンクリー
ト地の太めのものだったようだ。ホー
ムの長さが若干現在よりも長いように
感じる。学田駅と同じく2両編成だと
1両分がホームからはみ出し、乗降を
1箇所のみで行う。
◎鹿討　1991（平成３）年８月

富良野駅を発車したキハ54の2連。写
真右側の線路は根室本線。背景には富
良野の街が広がる。写真当時は人口
2万5千人以上だったが、現在は当時
に比べて5千人以上減少している。
◎富良野～学田　1991（平成3）年8月

キハ40の3連。雄大なる富良野の風景を走る。雲がまだらで、塗装剥げが目立つキハ40形の車体に陽射しが差すところと、陰になっている箇所が見られる。
◎富良野付近
1984（昭和59）年10月29日

日本最大の湿原、雄大な釧路湿原を行く客貨混合列車。最後尾に貨車を連結する。C58の牽引で、次位の9600形は無動回送。
現在の駅区間で言うと、釧路湿原〜細岡間。釧路川に沿って大カーブを描く区間だ。
◎遠矢〜細岡　1973（昭和48）年3月4日

キハ56系の普通列車。写真は、国鉄分
割民営化前の国鉄時代だが、急行「し
れとこ」はすでに前年に廃止。塘路駅
は停車駅だった。キハ56系は急行「し
れとこ」でも運用された形式（一部列
車はキハ22形もあった）。当時はまだ
だキハ56系が活躍していた。
◎塘路　1987（昭和62）年2月

釧路湿原を眺望しながら走る列車。荷物車を次位に連結して走るC58。大陸的な光景で、日本離れした景観である。1988（昭和63）年には、細岡～遠矢間に釧路湿原駅が開業。「くしろ湿原ノロッコ号」なども停車する。
◎細岡～遠矢
1973（昭和48）年3月4日

標茶駅のプラットホーム夜景。キハ40とキハ54。単式ホーム（写真左）と島式ホーム（写真右）があり、島式ホームから標津線の列車が発着していた。写真右側の３番のりばは、写真当時標津線専用だったが、標津線は1989（平成元）年に廃止。現在、３番のりばは使用されていない。◎標茶　1987（昭和62）年２月

C58形331号機。331号機は戦時中の製造。機関車次位にタンク車を連結した客貨混合列車が写る。南弟子屈駅は、摩周 (写真当時は弟子屈) ～磯分内間にあった駅。惜しまれつつ2020 (令和2) 年に廃駅となった。
◎弟子屈～南弟子屈　1973 (昭和48) 年10月9日

弟子屈駅は現在の摩周駅。写真は弟子屈駅時代の駅舎で、1936（昭和11）年築の存在感が漂う駅舎であった。1990（平成2）年に弟子屈から摩周へ駅名改称し、あわせて駅舎を現駅舎へ改築した。国鉄時代からの鉄道ファンとしては、難読駅名としてお馴染みだった弟子屈のほうが馴染み深いが、摩周湖の知名度にあやかりたい気持ちもわかる。
◎弟子屈　1982（昭和57）年6月24日

現・川湯温泉駅。1988（昭和63）年に川湯から駅名改称。駅舎は1936（昭和11）年改築。御料地を訪れる皇室のため、貴賓室を設けた気品が漂う駅舎となった、丸太や様々な木材の素材を活かして造り上げた山小屋風建築で、三角屋根が特徴。華やいだ時代を伝える貴重な駅舎である。
◎川湯　1982（昭和57）年6月24日

写真は斜里駅当時の様子。1971（昭和46）年に改築された駅舎で、国鉄らしい無難な造りの駅舎であった。1998（平成10）年に知床斜里へ駅名改称。世界遺産・知床の玄関口をアピールする駅名になった。駅は観光情報の発信基地でもある。2007（平成19）年には観光センターを兼ねた現駅舎へ改築された。◎斜里　1982（昭和57）年6月24日

海岸近くを走ってきた釧網本線がこの
あたりの区間ではやや内陸に入りカー
ブが多くなる。夏の北海道を走る列車。
密閉式の運転室を備えたC58の運転室
扉も開けっ放しで、郵便車の乗務員も
扉の窓に腕を出し、旅客車の窓も全て
開いている。
◎止別～浜小清水
1972（昭和47）年8月9日

雪煙を巻き上げながら力走するC58。
海側から内陸へ向けて撮った写真。小
清水駅寄りの小高い丘（フレトイ展望
台）から撮影したものと推察する。よっ
て、濤沸湖は写っていないようで、濤沸
湖は写真右側の向うに位置する。
◎浜小清水〜原生花園仮乗降場
1974（昭和49）年2月8日

原生のままで咲く花が広がるため原生
花園と呼ぶ。北海道各地に原生花園と
呼ばれるところがあるが、小清水原生
花園は最も知られた原生花園。当時は
仮乗降場が廃止されて寂しかったが、
線路際に咲くはまなすが心を和ませて
くれた。写真の貨物列車を牽引するの
は、DE10形1600号機。
◎北浜～浜小清水
1980（昭和55）年7月17日

北海道の駅として連想する駅の代表格
ではないだろうか。この駅が一躍脚光
を浴びたのは、高倉健主役の東映映画
「網走番外地」の公開から。写真はそ
の公開から9年後。流氷に覆われたオ
ホーツク海とC58が迫ってくる。
◎北浜　1974（昭和49）年2月7日

濤沸湖とオホーツク海をつなぐ流路を渡るＣ58牽引の貨物列車。木材を積載した貨車やタンク車も連結され、水面に映っている。濤沸湖は汽水湖で、釧路湿原とともにラムサール条約の登録地である。
◎北浜～原生花園仮乗降場　1973（昭和48）年3月7日

撮影区間データが北浜〜浜小清水にしてあるのは、原生花園仮乗降場廃止後の撮影のため。写真は、小清水原生花園付近を
走るDE10形32号機牽引の列車。原生花園が臨時駅として復活するのは、国鉄分割民営化後の1987（昭和62）年7月のことだっ
た。◎北浜〜浜小清水　1980（昭和55）年7月17日

はまなすが咲く線路際。貨車を後ろ側に連結した客貨混合列車がC58牽引でやってきた。混合列車は当時の釧網本線の名物で、これが目当てで訪れるファンも多かった。国鉄無煙化にともなう蒸気機関車さよなら運転が1974（昭和49）年7月に行われ、その際の列車も混合列車で運転された。◎原生花園仮乗降場〜浜小清水　1972（昭和47）年8月9日

オホーツク海が間近の駅。まさに映画のロケ地にふさわしいロケーション。訪れた誰もが映画やドラマの登場人物に成り切れそうな雰囲気だ。駅舎左側には貨車が写る。写真当時は貨物や荷物の取扱い駅でもあり、国鉄職員の駅員が配置されていた頃。◎北浜　1982（昭和57）年6月23日

流氷のオホーツク海に沿って網走を目指して駆けるC58。煙突から棚引く白煙と白い雪景色の違いがカラー写真だとよくわかる。写真奥の海は青い。流氷は流れ着く氷だとよくわかる写真でもある。◎北浜～藻琴　1973（昭和48）年3月8日

写真右側からやってきたC58牽引の列車を撮影後、今度は走り去るシーンを狙った写真。藻琴～北浜間も海岸近くを走る。藻琴駅の駅舎も味わいのある木造駅舎が現存する。◎北浜～藻琴　1973（昭和48）年3月8日

目次掲載の流氷と貨物列車の写真を撮った後、カメラを左に振った写真。丘と海岸線との狭間に敷かれた線路。その背景には丘に積もった雪。雪崩が起きればひとたまりもない。雪崩予防柵が並ぶ姿がそれを物語っている。
◎桂台仮乗降場〜鱒浦　1973（昭和48）年3月8日

# 石北本線

せきほくほんせん

札幌～網走間を石北本線経由で運行する特急「オホーツク」。写真はキハ183系初期型時代で旧国鉄色。初の北海道仕様特急形気動車として登場したキハ183系には、やはりこの国鉄色が似合う。◎旭川四条～旭川　1984（昭和59）年10月29日

在りし日の特急「おおとり」。9両編成で8～9号車は函館～北見間、残りは函館～網走間を結んだ。大変ロングランな特急列車で、5号車は食堂車、6号車に指定席グリーン車を連結。各地の昼行特急の食堂車が撤退する中で、昼行特急食堂車として長く活躍したのが「おおとり」だった。
◎東旭川付近
1984（昭和59）年10月29日

石北本線の起点は新旭川駅だが、石北本線の列車は宗谷本線経由で旭川駅まで乗り入れている。写真は朱色の6連。国鉄時代からの鉄道ファンであれば、旭川駅の読みは「あさひがわ」と濁る読みのほうが馴染み深い。1988 (昭和63) 年に「あさひがわ」から現行の濁らない「あさひかわ」の読みになった。石北本線分岐駅の新旭川も同じ。ちなみに旭川四条は濁らない「あさひかわ」のため変更が無かった。◎旭川四条〜旭川　1984 (昭和59) 年10月29日

旭川に比較的近い当麻。写真の駅舎は現存し、昭和40年代初めの典型的なコンクリート造りの駅舎。当時は国鉄バス当麻線が接続した駅で、駅舎はその貫禄を漂わせていた。国鉄バス当麻線には、上開明や鍾乳洞行があった。
◎当麻　1982（昭和57）年6月23日

キハ183系特急「オホーツク」が快走する。写真当時の特急「オホーツク」は、札幌〜網走間5往復だった。現在は2往復。代わって、特急「大雪」が旭川〜網走間2往復で運行している。「大雪」は急行時代からの伝統愛称である。
◎愛別〜伊香牛　1999（平成11）年5月16日

ハエタタキと呼ばれた架空裸線路柱が並ぶ懐かしい鉄道風景。そこにD51牽引の貨物列車。もはや模型の世界の昭和の風景である。しかし、程よく鉄粉が付着した蒸気機関車や手前に咲く月見草の雰囲気は、なかなか模型ではリアルに出しにくい演出だ。◎愛別〜中愛別　1972 (昭和47) 年8月7日

黒煙を高らかに上げて発車するD51形484号機牽引の貨物列車。当時の中愛別駅は、貨物も荷物も取扱い駅であった。鉄道が物流の中心だった時代の駅は、まさに町のキースポットだった。◎中愛別　1972（昭和47）年8月7日

安足間駅とキハ56＋キハ40。安足間と書いて「あんたろま」と読む。相対式ホームで写真右側に写る。分岐する引込線のそばや間にはルピナスが咲く。ルピナスは寒さに強く、北海道でも比較的よく目にする。
◎安足間　1982（昭和57）年6月24日

石狩川を渡るキハ56系。川の流れが早く、雲行きが怪しくなってきたところ。キハ27形の前照灯が暗くなりかけている沿線に安堵感を漂わす。そして、2エンジン搭載のキハ56形の鼓動が頼もしく聞こえてきそうだ。
◎愛山〜中愛別　1991（平成3）年10月13日

石北本線でキハ82系特急とともに活躍したキハ56系ディーゼル急行「大雪」。寝台付の客車列車である急行「大雪」1往復は
北見〜網走間が普通列車（当時）となったが、ディーゼル急行の「大雪」は各号ともに全区間急行運転を行った。
◎上川〜天幕　1972（昭和47）年8月7日

石狩川を渡るキハ56系。両車ともに旭
川車を示すラインが入っている。撮影
は9月はじめ、北海道でも蒸し暑く、キ
ハ56系は冷房がないため、窓を開けて
いるところが多い。安足間〜上川間に
は、2021（令和3）年3月に廃駅となる
まで、東雲駅があった。
◎上川〜東雲
1991（平成3）年9月2日

看板だらけのいかにも昭和の観光地の駅前といった雰囲気。大雪山国立公園層雲峡温泉の歓迎看板が圧倒的な存在感。写真を見るだけでも駅が観光の玄関口で元気だった時代を感じさせる。現在の駅前は、写真の歓迎看板はなく、両隣の建物もなく、見事なまでにさっぱりした静かな駅前へ様変わりしている。◎上川　1982（昭和57）年6月23日

写真で見ると駅前と地続きにあるように見えるが、駅舎や構内は高台に位置する。石北本線は平面スイッチバックで、写真当時は名寄本線が分岐していた。夜行急行「大雪」は、515列車網走行が4:13着4:30発、516列車札幌行が0:03着0:18発。このような時刻であっても、駅そば店が営業を行い、鉄道の町遠軽を感じた。◎遠軽　1982（昭和57）年6月23日

原生林の中を走るキハ40のJR北海道色の2連。北海道を鉄道で旅するイメージにぴったりな風景だが、生活するには困難なところで、駅の信号場化や廃止が行われ、奥白滝は2001 (平成13) 年に信号場に。上白滝は、2016 (平成28) 年に廃止されている。
◎奥白滝～上白滝　1999 (平成11) 年5月16日

雪原を行くD51牽引の貨物列車。機関車次位に穀物用ホッパ車を連結。有蓋貨車、冷蔵車を連結。コンテナ貨車にはない魅力があった。安国～生田原間には、生野仮乗降場があり、1987 (昭和62) 年に駅へ。2021 (令和3) 年3月に廃止された。
◎安国～生田原 (撮影区間不詳)
1973 (昭和48) 年3月28日

北海道の美しい鉄道風景を楽しみつつ、厳しい自然環境のもと、多数の犠牲によって開通したことを忘れてはいけない。労働者を拘束し、また撲殺するなどの人道に反する強制労働が行われた末に完成した常紋トンネル。峠を越えた金華駅（現・金華信号場）付近の高台に殉職者追悼碑が建つ。◎生田原〜常紋信号場（仮乗降場）1973（昭和48）年3月28日

蒸気機関車撮影ブーム、いわゆるSLブームの時代、峠を越える蒸気機関車撮影のメッカだった常紋信号場界隈。蒸気機関車撮影に訪れるファンが多く、写真当時は信号場で旅客扱いを行い、仮乗降場となっていた。
◎常紋信号場（仮乗降場）　1973（昭和48）年3月28日

SL撮影のオールドファンの聖地的存在だった常紋。峠越えの難所で、S字カーブを描きながらD51が喘ぎながら走った。写真はD51形511号機。常紋には写真当時、仮乗降場を備えた信号場があったが、写真の2年後に旅客扱いを取りやめ、2017（平成29）年3月4日をもって正式に信号場が廃止された。◎金華～常紋信号場（仮乗降場）1973（昭和48）年3月28日

D51形311号機牽引の旅客列車。留辺蘂の蘂は、一見すると難しい漢字のようだが、心が３つの木と覚えれば記憶しやすい。
金華駅は、2016（平成28）年に旅客扱いを取りやめ、信号場になった。金華～留辺蘂間には、2000（平成12）年に西留辺蘂駅が
開業している。◎金華～留辺蘂　1973（昭和48）年３月28日

夕暮れの常紋信号場にやってきたD51形734号機牽引の貨物列車。常紋とは常呂郡と紋別郡の頭文字から常紋とした。付近の常紋トンネルは、タコ部屋労働による劣悪過酷な労働で完成した歴史があり、噂とされていた人柱伝説も現在では実証されており、トンネル内外で多数の人骨が見つかっている。常紋信号場職員などの幾多の怪談話が後を絶たなかった。
◎常紋信号場（仮乗降場）　1972（昭和47）年10月20日

花々とのツーショットが多い公共交通
機関は、鉄道が断トツではないだろう
か？昔からのオーソドックスな被写体
だ。鉄道沿線撮影で、黄色い花ほど写
真映えする花の色合いはないのではと
思う。JR北海道色のキハ40形ともよく
似合っている。
◎留辺蘂〜相内
1999（平成11）年9月27日

ジョイント音とドラフト音を奏でなが
ら、D51形734号機牽引の貨物列車が
近づく。写真は留辺蘂の町の先。町の
ほうへ戻ると、町の西に西留辺蘂駅が
2000（平成12）年に開業した。留辺蘂高
校の最寄り駅である。
◎留辺蘂～金華
1972（昭和47）年10月20日

雨に濡れる旧駅舎時代の美幌駅。写真は相生線分岐駅だった頃。相生線廃止は1985（昭和60）年。相生線でやってきて美幌駅で乗り換え、またはその逆が行われていた時代で、乗換えをしないで駅前と行き来した人も居ただろう。当然ながら相生線廃止後よりも駅に活気があった。相生線廃止と同年に写真の駅舎は解体。新築の駅舎になった。
◎美幌　1982（昭和57）年6月23日

北見市の市街地の踏切を行くD51。力強く踏切を通過する写真を見つつ、写真右側に目をやると、中川一郎事務所の看板が目に入る。おそらく、北見市も選挙区域とした「北海のヒグマ」と呼ばれた衆議院議員中川一郎氏の事務所ではないだろうか。東相内～北見間には、1986（昭和61）年に西北見臨時乗降場が開業。翌年駅へ昇格した。
◎東相内～北見
1972（昭和47）年10月22日

1981（昭和56）年当時の女満別駅とキハ22。空港があるため、難読駅名であるが、比較的メジャーな読みの「めまんべつ」。テレビのCMでも連呼された。ちなみに空港最寄り駅は隣の西女満別駅。女満別町だったが、合併で大空町に。
◎女満別　1981（昭和56）年7月1日

札幌22:15発の急行「大雪」5号（517列車）は、北見〜網走間で寝台車やグリーン車を連結したまま普通列車1527列車となり、終着駅網走へ向けてラストスパートを掛けた。急行「大雪」は1往復のみ客レで他の「大雪」はディーゼル急行。また、夜行列車はこの1往復のみだった。◎女満別〜呼人　1975（昭和50）年5月24日

Ｃ58形390号機牽引でやってきたのは、Ａ寝台とＢ寝台の合造車オロハネ10などを連結した札幌発の急行「大雪」５号の末端区間を担う普通列車1527列車。Ａ寝台や三段式Ｂ寝台、Ａ寝台Ｂ寝台合造車、グリーン車を連結した編成で、北見〜網走間を普通列車として走り、指定席グリーン車は普通列車区間では自由席グリーン車となった。女満別7:30発で、日の出の早いこの時期は撮影条件良好であった。◎女満別〜呼人　1975（昭和50）年５月23日

C58形390号機。戦後製造のグループ。同日撮影のC58形390号機牽引の急行「大雪」5号（普通列車区間の1527列車）を本書に掲載しており、同じ列車だと推察する。違うポイントにカメラを据えて、他の人にシャッターを押してもらった写真かもしれない。煙で客車が全て隠れている。◎女満別〜呼人　1975（昭和50）年5月23日

現在もほぼ同じ駅舎風景。駅舎は1977
（昭和52）年12月に改築。段丘上に駅が
あり、網走刑務所を感じさせる煉瓦風
の壁や縦書きの網走駅駅名板が現在も
お馴染み。階段手前に写るのは、ニポ
ポをデザインした電話ボックスの装飾
で後ろ姿。ニポポは一刀彫の郷土玩具。
網走刑務所正門前の電話ボックスにも
ニポポの装飾があったと記憶する。
◎網走　1982（昭和57）年6月23日

女満別川を渡るC58牽引の普通列車。写真の向こうは網走湖。朝の網走発小樽行522列車（旭川から832列車）が走る。網走6:14発で、旭川でおよそ1時間停車、そして小樽着は19:05。400km以上を早朝から夕刻にかけて走り切る長距離鈍行列車であった。
◎呼人～女満別
1975（昭和50）年5月24日

## 写真：安田就視（やすだ なるみ）

1931（昭和6）年2月、香川県生まれ、写真家。日本画家の父につき、日本画や漫画を習う。高松市で漆器の蒔絵を描き、彫刻を習う。その後、カメラマンになり大自然の風景に魅せられ、北海道から九州まで全国各地の旅を続ける。蒸気機関車をはじめとする消えゆく昭和の鉄道風景をオールカラーで撮影。

## 解説：辻 良樹（つじ よしき）

1967（昭和42）年1月、滋賀県生まれ。東海道本線を走る国鉄時代の列車を見て育つ。北海道から沖縄まで全国を旅する。東京にて鉄道や旅行関係のPR誌編集を経て鉄道フォトライターに。著書に『関西 鉄道考古学探見』『にっぽん列島車両図鑑』（ともに、JTBパブリッシング）『知れば知るほど面白い西武鉄道』（洋泉社）など多数。『北海道の廃線記録』を第一弾から執筆。また『北海道の国鉄アルバム』も上巻から執筆。古きよき時代の鉄道考察をライフワークとし、国鉄時代の列車や駅、旅模様や歴史などを様々な媒体で執筆している。現在は、生まれ育った滋賀県に拠点を移して活動。滋賀の鉄道に関する写真個展や地域誌への執筆、資料収集、廃線跡ツアーやカルチャーセンターでの講師、自治体などの講演活動なども行っている。

有人駅で日本最東端の根室駅。駅舎は1959（昭和34）年の改築以来同じ駅舎だが、年代によって駅舎の色や細かい所で違いがある。写真は国鉄時代の根室駅舎。現在はタクシーなどの駅前を往来または駐車する車は駅舎に向かって縦方向だが、写真当時は白線を見てもわかるように、駅舎に対して横方向に車が流れていた。
◎根室 1979（昭和54）年11月4日

# 北海道の国鉄アルバム
## 下巻（根室本線、富良野線、釧網本線、石北本線）

発行日 ······················ 2021年8月1日　第1刷　　※定価はカバーに表示してあります。

著者 ······················ 安田就視（写真）、辻 良樹（解説）
発行人 ···················· 高山和彦
発行所 ···················· 株式会社フォト・パブリッシング
　　　　　　　　　　〒161-0032　東京都新宿区中落合2-12-26
　　　　　　　　　　TEL.03-6914-0121 FAX.03-5955-8101
発売元 ···················· 株式会社メディアパル（共同出版者・流通責任者）
　　　　　　　　　　〒162-8710　東京都新宿区東五軒町6-24
　　　　　　　　　　TEL.03-5261-1171 FAX.03-3235-4645
デザイン・DTP ········ 柏倉栄治（装丁・本文とも）
印刷所 ···················· 新星社西川印刷株式会社

ISBN978-4-8021-3255-8 C0026